BEI GRIN MACHT SICH IHR
WISSEN BEZAHLT

"Rettungsfolter".
Menschenrechtsbildung als pädagogische Annäherung an ein moralisches Dilemma

Benjamin Waldmann

Bibliografische Information der Deutschen Nationalbibliothek:

Die Deutsche Nationalbibliothek verzeichnet diese Publikation in der Deutschen Nationalbibliografie; detaillierte bibliografische Daten sind im Internet über http://dnb.d-nb.de abrufbar.

ISBN: 9783346475671
Dieses Buch ist auch als E-Book erhältlich.

© GRIN Publishing GmbH
Nymphenburger Straße 86
80636 München

Druck und Bindung: Books on Demand GmbH, Norderstedt Germany
Gedruckt auf säurefreiem Papier aus verantwortungsvollen Quellen

Das Buch bei GRIN: https://www.grin.com/document/1064652

Universität Bielefeld
WS 2010/11
Fakultät für Erziehungswissenschaften
Veranstaltung: Menschrechtsbildung
Verfasser: Benjamin Waldmann
Datum: 19.03.2011

„Rettungsfolter" - Menschenrechtsbildung
als pädagogische Annäherung an ein moralisches Dilemma

Hausarbeit

Inhaltsverzeichnis

1. Einführung

Film: Ausnahmezustand, 1998

General William Devereaux:	Wie lange sind sie schon dran?
CIA-Agent Sharon Bridger:	Mir scheint, nicht lange genug.
General William Devereaux:	Wie lange wird es dauern, bis er die übrigen Zellen verrät?
FBI-Agent Anthony Hubbard:	Er kann sie nicht verraten, weil er gar nicht weiß, wo sie sind.
General William Devereaux:	Er weiß es.
FBI-Agent Anthony Hubbard:	Ganz sicher nicht. Das ist doch ihre Theorie, Sharon. Sie haben es uns doch in der Strategiebesprechung erklärt. Ich meine, dass eine Zelle nicht weiß, wo die andere steckt.
General William Devereaux:	Wie lange brauchen wir um ihn klein zu kriegen?
CIA-Agent Sharon Bridger:	Zu lange, wenn wir so weitermachen. Das Theater flog neun Stunden nach dem Ausschalten der ersten Zelle in die Luft.
General William Devereaux:	Also, welche Methode schlagen sie vor? ... Schläge. Wie wäre es damit, Sharon.
CIA-Agent Sharon Bridger:	Funktioniert nicht.
General William Devereaux:	Bei den Israelis schon.
CIA-Agent Sharon Bridger:	Nur sinnvoll in Verbindung mit Schlafentzug. Dauert mindestens 36 Stunden.
General William Devereaux:	Wir haben keine 36 Stunden. ... Und Elektroschocks?
CIA-Agent Sharon Bridger:	Die Neurotransmitter werden ausgeschaltet.
General William Devereaux:	Wasser?
Colonel Hardwick:	Die Palästinenser haben damit schon viel Erfolg gehabt. ... Wir könnten auch schneiden.
Tariq Husseini:	*(Gebete auf arabisch)*
Colonel Hardwick:	Macht aber ne ziemliche Sauerei.
FBI-Agent Anthony Hubbard:	Sind sie überhaupt noch zu retten? Wovon reden sie bloß?
General William Devereaux:	Wir haben hier einen Mann der leiden muss, damit Hunderte von Leben gerettet werden.

2. Einleitung

„Wir haben hier einen Mann der leiden muss, damit Hunderte von Leben gerettet werden", begründet General William Devereaux, gespielt von Bruce Willis, im US-Spielfilm „Ausnahmezustand" von 1998 seinen Einsatz von Foltermethoden gegen Tariq Husseini. Gemeint ist die Verhinderung eines Terroranschlags in New York. Und obwohl diese Situation rein fiktiv ist, bekommt sie drei Jahre später in New York traurige Aktualität. Ist der Einsatz von Folter gerechtfertigt oder sogar sinnvoll, um Menschenleben zu retten?

In meiner Hausarbeit stelle ich dar, wie sich mithilfe der Diskussion um Menschenrechte an dieses Dilemma angenähert werden kann. Dabei gehe ich davon aus, dass eine Lösung des Dilemmas nur anhand der Prinzipien der Menschenrechte gefunden werden kann.

Zuerst stelle ich den Begriff der „Rettungsfolter", seine Anwendung und in welchen Zusammenhängen über den Einsatz diskutiert wird, vor. Dazu werde ich die Wirkung von Foltermethoden erläutern und die Verwertbarkeit unter Folter getätigter Aussagen kritisch unter die Lupe nehmen. Darüber hinaus stelle ich die internationalen und nationalen Beschlüsse, Erklärungen und Konventionen zum Thema Menschenrechte und Folter vor.

Im zweiten Teil erarbeite ich eine pädagogische Annäherung an das Thema und versuche eine Lösung des Dilemmas anhand der Menschenrechte zu skizzieren. Ich möchte eine mögliche Annäherung an das Thema vorstellen, die in fünf Schritten von den Menschenrechten über das Folterverbot zu konkreten Einzelfällen hinleitet. Als Grundlage nutze ich dazu den vorgestellten Film und reale Fälle um in das Thema einzuführen.

3. Folter und Menschenrechte

3.1. Rettungsfolter

Geht man vom allgemeinen Sprachgebrauch aus, versteht man Folter sehr undifferenziert als erhebliche Schmerzzufügung (vgl. Hilgendorf 2004, S. 334). Zur genaueren Begriffserklärung möchte ich auf den Artikel 1 Absatz I der Konvention der Vereinten Nationen gegen Folter und andere grausame, unmenschliche oder erniedrigende Behandlung oder Strafe (FoK) zurückgreifen. Dort wird „jede Handlung, durch die einer Person vorsätzlich große körperliche oder seelische Schmerzen oder Leiden zugefügt werden, zum Beispiel um von ihr oder einem Dritten eine Aussage oder ein Geständnis zu erlangen, um sie für eine tatsächlich oder mutmaßlich von ihr oder einem Dritten begangene Tat zu bestrafen oder um sie oder einen Dritten einzuschüchtern oder zu nötigen, oder aus einem anderen, auf irgendeiner Art von Diskriminierung beruhenden Grund, wenn diese Schmerzen oder Leiden von einem Angehörigen des öffentlichen Dienstes oder einer anderen in amtlicher Eigenschaft handelnden Person, auf deren Veranlassung oder mit deren ausdrücklichem oder stillschweigendem Einverständnis verursacht werden" als Folter bezeichnet.

Generell könnte man Folter im Hinblick auf den jeweiligen „Zweck" in zwei unterschiedliche Kategorien einteilen. Vor allem in der Antike, im Mittelalter und im Nationalsozialismus angewendet, kann man unter den Begriff der *Inquisitionsfolter* die Erzwingung von Aussagen und Geständnissen im Nachhinein fassen. Im Gegensatz dazu gibt es den Begriff der *Rettungs-* oder *Präventivfolter* (vgl. Möhlenbeck 2008, S. 19f).

Mit der Rettungs- oder Präventivfolter ist die Anwendung von Folter zur Abwendung einer Gefahrenlage gemeint. Im juristischen Sinne ist daher diese Art der Folter eher im polizeirechtlichen Kontext zu sehen (ebd.). Beispiele für den Einsatz derartiger Methoden sind dabei unerschöpflich. Für diese Arbeit möchte ich drei Beispiele aufführen, die auch bei der pädagogischen Annäherung an das Thema eine Rolle spielen können.

Ausnahmezustand

In dem in diese Hausarbeit einleitenden Film erwarten Armee, CIA und FBI weitere Anschläge von islamistischen Terrorzellen nachdem in einem Bus, einem Theater und im FBI-Hauptquartier Bomben explodiert sind und hunderte Menschen getötet wurden. Der amerikanische Staatsbürger Tariq Husseini, der Verbindung zu einer der Zellen haben soll, wird vom Militär gefoltert, um von ihm Informationen über weitere Anschläge zu erhalten.

5

Gleichzeitig werden arabisch-stämmige Männer im ganzen Stadtgebiet festgenommen und in einem Sammellager im Stadion interniert.

Guantanamo

Nach den Terroranschlägen auf das World Trade Center in New York und das Pentagon in Washington am 11. September 2001 flammte mit dem „Krieg gegen den Terror" auch die Diskussion um Folterbefugnisse in den USA auf. So wurde im Gefangenenlager Guantanamo mit Genehmigung der US-Regierung gefoltert. In einem im Mai 2005 verfassten geheimen Memorandum des US-Justizministeriums wurden Schläge auf den Kopf, nackter Aufenthalt in kalten Gefängniszellen, Schlafentzug durch laute Rockmusik, Fesseln des Häftlings in unangenehmen Positionen sowie Waterboarding als gesetzeskonforme Verhörmethoden angesehen (vgl. Shane, Johnston und Risen 2007, online). Je nach Fall sind vermutlich Foltermethoden genutzt worden, um Pläne und Informationen zum Zweck der Rettung zu erfahren, aber ebenso auch um Aussagen zu erzwingen.

Daschner-Prozess

Auch in Deutschland entstand nach der Entführung des elfjährigen Jakob von Metzler am 27. September 2002 eine intensive Debatte über „Rettungsfolter". Der stellvertretende Frankfurter Polizeipräsident Wolfgang Daschner und der Kriminalhauptkommissar Ortwin Ennigkeit wurden wegen *Verleitung eines Untergebenen zu einer Straftat* und *Nötigung im Amt* verurteilt, nachdem sie dem Entführer Magnus Gäfgen mit Folter gedroht hatten, um den Aufenthaltsort des Jungen herauszufinden. Unter anderem sprach sich der damalige Vorsitzende des Deutschen Richterbundes, Geert Mackenroth, wenige Monate später für eine Erlaubnis von Folter-Androhung und Folter in bestimmten Fällen aus (vgl. Müller-Neuhof 2003, online).

Auch wenn der Begriff der Rettungsfolter als Unterscheidung des Folterzwecks dienen kann, so suggeriert er einen „positiven Grund" für derartige Maßnahmen. In dieser Begriffsverbindung findet eine Milderung der Stigmatisierung des Begriffes Folter statt (vgl. Marx 2004, S. 282f). Unterscheidet man Folter jedoch in der Wirkung, den Folgen (3.2.) und den Menschenrechtsverletzungen (3.3.) an den Opfern, so sind meines Erachtens die Begriffe der Präventiv- und der Rettungsfolter als Euphemismus abzulehnen.

3.2. Wirkung und Folgen der Folter

Zu den Auswirkungen von Folter gibt es viele Untersuchungen und Publikationen. An dieser Stelle möchte ich nur einen kurzen Einblick geben, wie Folter wirkt, welche langfristigen Folgen auftreten und wie die Aussagekraft unter Folter getätigter Angaben zu bewerten ist.

Drei Kernpunkte sind hervorzuheben, die die Perfidie und den „Erfolg" von Foltermethoden beschreiben. Zum einen ist der komplette Autonomieverlust des Gefolterten zu nennen, so dass nicht mehr selbstbestimmt über Wissens- und Informationsabgabe entschieden werden kann. Dies ist ein körperlicher, von Schmerzen dominierter Reflex und damit nicht gleichzusetzen mit einer moralisch zugesprochen Autonomie, die genommen wird (vgl. Jerouschek/Kölbel 2003, S. 618). Gleichzeitig findet eine vollkommene Demütigung durch den Kampf gegen die Schmerzen und das unweigerliche Unterliegen vor dem Folterer statt. Der Folterer übernimmt so die gesamte Herrschaft über das Opfer und degradiert es zu einem bloßen Objekt seiner Gewalt. Das Opfer verliert seine Subjektstellung. Zusätzlich setzt Folter den Gefolterten auf „seine pure Leiblichkeit zurück. In der Hand des Folterers wird der leidende Körper zu einem einzigartigen Werkzeug der Macht gegen den Gefolterten selbst [...]" (Sofsky 1996, S. 93). Der eigene Körper wird so zum Feind und zum Komplizen des Folterers und komplettiert die Demütigung (vgl. Möhlenbeck 2008, S. 33). Die körperlichen Schmerzen, die vollkommende Demütigung und der komplette Verlust der Selbstbestimmtheit führen so zum Unterliegen und zu jedweder Aussage des Gefolterten.

Hieraus resultieren - sollte die Prozedur überlebt werden - erhebliche kurz- und langfristige Folgen. Die körperlichen Auswirkungen von Folter sind mit Ausnahme von Verstümmelungen und Amputationen meistens heilbar und langfristig nicht sichtbar. Die Gefolterten leiden sowohl kurz-, mittel- und langfristig eher an psychischen und psychosomatischen Nachwirkungen. Nach der Folter sind meistens akute Belastungsstörungen nachzuweisen, die sich in Schuld- und Schamgefühlen, Ängsten, Misstrauen und Wiedererleben des Traumas widerspiegeln. Die langfristigen Folgen beschreiben Graessner und Wenk-Ansohn (2000) in ihrer Handreichung „Die Spuren von Folter". Es bilde sich häufig eine posttraumatische Belastungsstörung mit Reizvermeidung, anhaltender Übererregung und weiteren Symptomen. Außerdem treten bei Gefolterten häufig Depressionen, Schmerz-, Angst- und Panikstörungen, Suchterkrankungen, Konzentrations- und Gedächtnisstörungen sowie Suizidalität auf. Trotz unterschiedlicher Erfahrungen sind bei fast allen Gefolterten übereinstimmende Symptome zu belegen. Daher spricht man bei diesen Nachwirkungen von einem „Foltersyndrom" oder „Foltertrauma" (Nuscheler/Klingbiel 1992, S. 41ff).

7

Spricht man von „Erfolg" von Folter, so meint dies, dass man jede Aussage aus jemanden „herausholen" kann. Dabei ist es ab einem gewissen Zeitpunkt - dem voran beschriebenen Reflex - dem Gefolterten egal, ob es sich um eine wahre oder unwahre Aussage handelt. Gerade dieses Glaubwürdigkeitsproblem ist schon bei der Inquisitionsfolter ein entscheidender Kritikpunkt, wie Schriften des Aristoteles und Cicero in der Antike, des Aurelius Augustinus und Agrippa von Nettesheim im Mittelalter, sowie die von Friedrich von Spee und Christian Thomasius im Zeitalter der Aufklärung belegen (vgl. Möhlenbeck 2008, S. 26ff). Bei der Rettungsfolter ergibt sich ein weiteres Problem, da es sich hier um das Wissen konkreter Details (z.B. Anschlagspläne, Aufenthaltsort von Entführten oder weiteren Verdächtigen) und nicht um Vorwürfe und Tatanschuldigungen handelt. Der Gefolterte kann also in diesem Fall die Informationen wissen - aber eben auch nicht. Daraus ergibt sich ein weiteres Dilemma für eine mögliche Einschätzung, ob Folter z.B. durch Ermittlungsbehörden angewendet werden kann: Woher weiß der Folternde sicher, dass der Gefolterte die Information kennt? In den gewählten Beispielen hatte Tariq Husseini keine Ahnung über weitere Terroraktivitäten. In Guantanamo werden nach mehreren Jahren Gefangene freigelassen, da ihnen keine Terroraktivität nachzuweisen war, geschweige denn, dass sie Informationen Preis geben konnten. Und im Fall des Entführten Jakob von Metzler hatte Manuel Gäfgen die Entführung gestanden. Ob es aber Mittäter gab, wussten auch die mit Folter drohenden Polizeibeamten nicht.

3.3. Menschenrechte mit Bezug auf Folter

Mit der Charta der Vereinten Nationen im Jahr 1945 wurde eine Kommission zur Ausarbeitung universell anerkannter Menschenrechte eingerichtet (Artikel 68), die mit dem Beschluss der *Allgemeinen Erklärung der Menschenrechte* am 10. Dezember 1948 ihren Abschluss fand. Unter Artikel 5 dieser Erklärung ist das universelle Folterverbot festgeschrieben. Dort heißt es: „Niemand darf der Folter oder grausamer, unmenschlicher oder erniedrigender Behandlung oder Strafe unterworfen werden." Juristisch zwar nicht verbindlich aber programmatisch wegweisend bildet die Allgemeine Erklärung so die Grundlage für menschliches Verhalten über alle nationalen Grenzen hinweg. Seit dem ist das Verbot der Anwendung von Folter fester Bestandteil aller großen Menschenrechtsabkommen.

Juristische Bindung im Bereich der Vereinten Nationen erhielt das Folterverbot mit der Verabschiedung des *Internationalen Pakts über bürgerliche und politische Rechte* (IPBPR) am 16. Dezember 1966 in New York. Der erste Satz des Artikels 7 ist wortwörtlich mit dem des Artikel 5 der Allgemeinen Erklärung der Menschenrechte. Bei dem IPBPR sind zwei weitere Punkte herauszustellen: So wird mit Artikel 4 Abs. 2 gesichert, dass selbst bei einem Notstand das Folterverbot in Kraft bleibt. Außerdem wird ein nicht ständiger Ausschuss eingerichtet (Art. 28ff), bei dem sowohl Staaten- als auch Individualbeschwerden behandelt werden. Eine genauere Definition von Folter oder grausamer, unmenschlicher und erniedrigender Behandlung oder Strafe fand jedoch im IPBPR nicht statt.

Nach deutlicher Zunahme von Folter in den späten fünfziger und in den sechziger Jahren und Berichten Amnesty Internationals (1975) verabschiedete nach mehreren Ausarbeitungen und Deklarationen die UNO-Generalversammlung am 10. Dezember 1984 - 36 Jahre nach der Menschenrechtserklärung - die *Konvention gegen Folter und andere grausame, unmenschliche oder erniedrigende Behandlung oder Strafe* (kurz: UN-Antifolterkonvention - FoK). Mit dieser Antifolterkonvention wurden die Maßnahmen gegen Folter durch die Vereinten Nationen ausgeweitet, der staatliche Umgang mit dem Folterverbot festgeschrieben und die Definitionen konkretisiert.

Mit dem unter 3.1. vorgestellten Artikel 1 Absatz 1 der FoK ist der völkerrechtlich gültige Folterbegriff und das Folterverbot festgesetzt, welches weder durch nationalen Notstand oder durch Befehl eines Vorgesetzten, noch durch irgendeinen wie auch immer gearteten Grund außer Kraft gesetzt werden darf (Art. 2, Abs. 2 & 3). Die Vertragsstaaten sind dazu verpflichtet „effektive legislative, administrative, judikative oder andere Maßnahmen zur Verhinderung von Folter" (Art. 2, Abs. 1) zu ergreifen, Folter mit angemessenen Strafen zu belegen (Art. 4), jeden begründeten Verdacht auf Folterung zu untersuchen (Art. 6), mutmaßliche Täter zu inhaftieren (ebd.) und Täter von Folter in und aus anderen Vertragsstaaten auszuliefern (ebd.) oder selbst ein Strafverfahren durchzuführen (Art. 7). International ist mit Artikel 17 ein Ausschuss gegen Folter eingesetzt, der neben Staaten- und Individualbeschwerden auch selbstständige Untersuchungen einleiten kann.

Ist die FoK zwar sehr weitgehend, was das Folterverbot anbelangt, so sind jedoch zwei Punkte herauszustellen, in denen in der öffentlichen, politischen und juristischen Diskussion Kritik geübt wurde (vgl. Möhlenbeck 2008, S. 43f.). Zum einen findet man in der Folterdefinition keine Bezüge auf grob fahrlässiges Verhalten, zur Drohung mit Folter oder mit erheblichen Schmerzen und Leiden, noch eine Einbindung von Folternden außerhalb des öffentlichen Dienstes oder Amtes. Als Zweites ist unter Artikel 1 Absatz 1 Satz 2 festgehalten, dass Schmerzen oder Leiden, die aus gesetzlich zulässigen Zwangsmaßnahmen entstehen, nicht unter den Begriff der Folter fallen. Auch wenn die Mindestgrundsätze der Vereinten Nationen zulässige Zwangsmaßnahmen einschränken, so können Staaten, die z.B. Peitschenhiebe und

Steinigungen als gesetzlich zulässig vorsehen, mit einer derartigen Ausklammerung aus dem Folterbegriff argumentieren (ebd.).

Für diese Arbeit bleibt festzuhalten, dass die Menschenrechte im Bezug auf Folter allumfassend sind und ein universelles Folterverbot gilt. So ergibt sich ein feststehender unumstößlicher Grundsatz menschlichen Zusammenlebens, der im vergangenen Jahrhundert durch Internationales Recht immer weiter festgeschrieben ist.

In der Allgemeine Erklärung der Menschenrechte rangiert das Folterverbot - rein nach der Ziffernfolge - direkt anschließend an Freiheit, Würde, Gleichberechtigung, dem Recht auf Leben und Sicherheit und dem Verbot von Sklaverei. Diese Menschenrechte gelten nach Artikel 2 für alle Menschen, auch wenn sie - wie bei der Diskussion um Rettungsfolter angenommen - grausame Taten begangen oder geplant haben. In dem Zusammenhang der Rettungsfolter und den drei gewählten Beispielen ist hier abschließend auf Artikel 11 Absatz 1 zu verweisen: „Jeder, der einer strafbaren Handlung beschuldigt wird, hat das Recht, als unschuldig zu gelten, solange seine Schuld nicht in einem öffentlichen Verfahren, in dem er alle für seine Verteidigung notwendigen Garantien gehabt hat, gemäß dem Gesetz nachgewiesen ist."

4. Menschenrechtsbildung

4.1. Pädagogisch didaktische Annäherung

Die Annäherung an das Dilemma ist meines Erachtens nur über die Prinzipien und die Diskussion um Menschenrechte möglich. Zuerst muss erarbeitet werden, dass jedem Menschen, egal welche Tat er begangen hat oder plant, universelle Rechte zustehen. So können nur mit dieser fundierten Erarbeitung und Auseinandersetzung persönliche emotionale Meinungen in den Einzelfällen hinterfragt werden.

Verfolgt man beispielsweise die Diskussionen nach dem Daschner-Prozess, so war in diesem Einzelfall für viele die Androhung der Folter kein Problem bzw. sogar angebracht. So findet man von Leserzuschriften in der Boulevardpresse (vgl. bild.de 2011, online) bis hin zum damaligen Vorsitzenden des deutschen Richterbundes (vgl. Müller-Neuhof 2003, online) Unterstützer für das Handeln der Polizisten. In einer Forsa-Umfrage fanden 63% der 1003 befragten Personen, dass Wolfgang Daschner nicht bestraft werden sollte (Spiegel Online 2003, online). In diesem Einzelfall wird dem Entführer und Mörder Magnus Gäfgen häufig das „Menschliche" abgesprochen und er als „Bestie" (bild.de 2011, online) oder „ekliger Mensch" (Gärtner 2011, online) bezeichnet.

Um sich dem Dilemma zu nähern sind fünf Schritte für ein Bildungsprojekt in der politischen Bildung und der Erwachsenenbildung denkbar. Sie beginnen bei den allgemeinen Informationen und Einarbeitung und führen anschließend zum konkreten Einzelfall und zur Diskussion:

Einheit 1: Menschenrechte
Zur Erarbeitung der Menschenrechte gibt es viele Möglichkeiten, Methoden und Materialien. Hier sei besonders auf die Unterrichtsmaterialien des *Deutschen Instituts für Menschenrechte* hingewiesen, die auch online abrufbar sind. Ziel dieses ersten Blocks soll es sein, selbstständig oder in Gruppenarbeit „eigene" Menschenrechte zu erarbeiten und sie anschließend mit der Allgemeinen Erklärung der Menschenrechte zu vergleichen. Dabei soll darauf geachtet werden, wo die Teilnehmer:innen ihre Schwerpunkte gesetzt haben und in wie weit diese Schwerpunkte auch in der UN-Erklärung auftauchen. Hier gilt es zu reflektieren, warum unterschiedliche Schwerpunkte zwischen den eigenen Erarbeitungen und den UN-Menschenrechten entstehen. Außerdem soll verdeutlicht werden, wie andere Kulturen mit anderen Erfahrungen Schwerpunkte setzen.

Als zweiten Schritt gilt es, mehr auf die Rechte von Verdächtigen, Tätern und Ermittlungsbehörden einzugehen. Dabei soll angesprochen und diskutiert werden, warum selbst Täter schwerwiegender Straftaten ihre Menschenrechte behalten. Neben den Artikeln 7-11 der Allgemeinen Erklärung der Menschenrechte soll zum Abschluss dieser Einheit auf Artikel 5 eingegangen werden und in einer offenen Runde erörtert werden, was die Teilnehmer:innen unter Folter, unmenschlicher und erniedrigender Behandlung oder Strafe verstehen.

Einheit 2: Folter
In der zweiten Einheit soll auf das Thema Folter eingegangen und die historischen und aktuellen Entwicklungen dargestellt werden. Hier können in Gruppenarbeiten Referate und Präsentationen entwickelt werden. Eine Gruppe kann so die Folter in der Geschichte mit Schwerpunkt auf das Mittelalter vorstellen, während eine zweite Gruppe die aktuelle Entwicklung am Beispiel des Gefängnisses in Guantanamo (vgl. 3.1.) aufzeigt. So können in einer anschließenden Diskussion die Unterschiede zwischen der Inquisitionsfolter und

Rettungsfolter und damit die unterschiedlichen Zwecke von Folter herausgearbeitet werden. Zwei weitere Gruppen erarbeiten die Wirkung und die Folgen von Folter (vgl. 3.2.). Bei der Funktionsweise von Folter soll eine selbsttätige Einschätzung vorgenommen werden, wie unter Folter getätigte Aussagen zu bewerten sind.

Einheit 3: Film „Ausnahmezustand"

Mit dem hier vorgestellten Film kann ein aktueller Bezug hergestellt und das Interesse an dem Dilemma der Rettungsfolter entwickelt werden. Mit der vorgestellten Szene (vgl. 1.) wird das Dilemma konkret angesprochen. Hier ist eine Unterbrechung möglich und sinnvoll, um die Teilnehmer:innen ihre eigene Einschätzung diskutieren zu lassen. Dabei muss darauf geachtet werden, dass das Ergebnis der Folter nicht bekannt ist. So können die Teilnehmer:innen ihre eigene Haltung reflektieren.

Zwar ist es gut möglich nur diese Szene des Films zu nutzen, trotzdem ist es ebenso sinnvoll den kompletten Film zu zeigen, um die Entwicklung und den Prozess der akuten Terrorbekämpfung in den USA vor dem 11. September zu veranschaulichen. So ist es gut möglich, durch die in dem Film dargestellte Einbeziehung verschiedener Behörden und der Armee, die verschiedenen Eskalationsstufen in der extremen Situation der Terrorgefahr darzustellen. Mit einer Filmanalyse ist es so möglich neben der konkreten Diskussion um Rettungsfolter auch dazugehörigen Faktoren und Entwicklungen anzusprechen. Gleichzeitig gilt es hierbei zu beleuchten, weshalb bestimmte Rechte notstandsfest (FoK, Art. 2, Abs. 2 & 3) sind. Da in dem Film über New York City der Notstand verhängt wurde, ist dies ein gutes Beispiel, um auch Extremsituationen für Strafverfolgung und Präventionsmaßnahmen zu beleuchten.

Im Anschluss an den Film ist zu erörtern, wie dieser „Action-Blockbuster" mit dem Thema umgeht, und inwiefern das Handeln des General William Devereaux nachvollziehbar ist.

Einheit 4: Der Fall Daschner

Wie voran beschrieben, ist die Folterandrohung gegen den Entführer Magnus Gäfgen ein besonders schwieriges emotionales Einzelbeispiel: So ging es hier um die Rettung eines kleinen Jungen, die Folter wurde „nur" angedroht, und der Täter stand zweifelsfrei fest. Hier ist es möglich, anhand der Gerichtsaussagen mit einer kleinen Gruppe eine kurze szenische oder filmische Vorstellung als Rollenspiel zu erarbeiten, die die Situation den Teilnehmer:innen vorstellt. Dabei sollte außen vor bleiben, dass das Entführungsopfer zu dem Zeitpunkt schon tot war.

In einer anschließenden Diskussion soll das Handeln der beiden Polizisten beleuchtet und die Folterandrohung beurteilt werden. Es gilt dabei herauszustellen, dass auch der Entführer seine Menschenrechte behält (vgl. Einheit 1) und wie seine Aussage zu bewerten ist (vgl. Einheit 2). Dabei ist ebenfalls einzubringen, dass die Erlaubnis der Folterandrohung mit gleichzeitigem Verbot von Folter verständlicherweise keinen Sinn ergibt. Als Kernfrage gilt es für die Teilnehmer:innen herauszustellen, wo die Grenzen sind, um ein anderes Menschenleben zu retten. Dabei soll ein Zitat aus dem Film Ausnahmezustand einleiten, welches FBI-Agent Anthony Hubbard, auf die Aussage „Wir haben hier einen Mann der leiden muss, damit Hunderte von Leben gerettet werden." trifft: „Ein Mann. Warum nicht zwei? He? Warum nicht sechs? Warum gibt es keine öffentliche Hinrichtung?"

Einheit 5: Reflexion

Zum Abschluss soll reflektiert werden, warum die Menschenrechte und das Folterverbot universell, unumstößlich und notstandsfest sind. Dazu soll die Teilnehmer:innen ihre eigene Meinung einbringen und anhand von Bespielen aus den verschiedenen Einheiten ihre Position begründen. Anschließend soll ebenfalls die Einheiten reflektiert und eine persönliche Einschätzung zum eigenen differenzierten Herangehen an die Problematik gegeben werden.

4.2. Das Dilemma

Das Wort Dilemma stammt von dem griechischen δί-λημμα und steht für „zweigliedrige Annahme". Im Deutschen wird das Wort Zwickmühle gleichbedeutend genutzt. Es entsteht eine Ausweglosigkeit, in dem jede Entscheidung zu einem unerwünschten Ereignis oder jede Entscheidung zu einem erwünschten Ereignis führt. Ein klassisches Dilemma ist Buridans Esel, welches Johannes Buridan zugeschrieben, aber aus *De caelo* von Aristoteles stammt (vgl. Aristoteles 1958, passim): Ein Esel steht exakt zwischen zwei gleich großen Heuhaufen und kann sich nicht entscheiden, zu welchem er gehen soll. Er verhungert schließlich, da er sich nicht entscheiden kann.

Bei dem Thema Rettungsfolter handelt es sich ebenfalls um ein Dilemma, wenn die Täterschaft feststeht und ein gravierendes Ereignis vermeidbar ist. Dabei spielt die soziale und kulturelle Einschätzung der Situation eine entscheidende Rolle, welche Mittel und welche Tragweite bei diesem Ereignis angemessen sind. So ist es menschlich verständlich, dass eine Androhung von Folter zur Rettung eines Menschen angebracht scheint. Auch Folter oder sogar Mord scheinen unerwünscht aber annehmbar, um Menschenleben z.B. bei einem Terroranschlag zu retten. Dieses Dilemma ist moralisch ausweglos.

Daher kann eine derartige Situation nur durch festgelegte Regeln und Gesetze gelöst werden, die die Entscheidungsfindung leiten. Für das Dilemma der Rettungsfolter geben die universellen Menschenrechte und das unumstößliche Folterverbot die Antwort. Die vielen verschiedenen Abwägungen und Einschätzungen, ob der zu Folternde die nötige Information überhaupt weiß, ob die Tat überhaupt durch die Information vermeidbar wird, ob Folter dem Tatvorwurf angemessen ist und ob der zu Folternde die Wahrheit sagt oder lügt, sind durch die Festlegung auf Menschenrechte und das unabänderliche Folterverbot überflüssig.

5. Fazit

In den vorgestellten Beispielen führt Folter zu keiner Rettung. Im Film wird Tariq Husseini zu Tode gefoltert ohne Informationen Preis geben zu können. Der elfjährige Jakob von Metzler wird nur noch tot aufgefunden, obwohl der Täter auf die Folterandrohung reagiert. Es kann in keinem Fall sichergestellt werden, dass Folter zu einer sicheren Rettung führen kann. Der Begriff der Rettungsfolter täuscht über alle Unsicherheiten bei der Abwägung und Durchführung hinweg und ist unangemessen und euphemistisch (vgl. 3.1.). Um die Unterscheidbarkeit zwischen Inquisitionsfolter (lat. inquirere „untersuchen") sollte eher ein Begriff wie „Ermittlungsfolter" genutzt werden, da diese den Zweck wertfreier beschreiben.

Das Folterverbot ist unumstößlich in den Menschenrechten verankert. Für den Schutz Unschuldiger, für den Schutz der persönlichen Unversehrtheit und für den Schutz vor dem Dilemma der Ermittlungsfolter. So verständlich und menschlich das Handeln der Polizisten bei der Entführung des elfjährigen Jakob von Metzler auch zu sehen ist, es bleibt eine Verletzung der Menschenrechte.

Betrachtet man das Dilemma in der Menschenrechtsbildung, wie unter Punkt 4 dargestellt, so bleibt festzuhalten, dass das Thema Folter nur in Zusammenhang und nur mithilfe der Menschenrechte behandelt, erörtert und damit in jedem Einzelfall gelöst werden. So plädiere ich hier dafür, dass die Bearbeitung des Themas Folter im Schulunterricht oder in anderen Bildungszusammenhängen mit einer Einführung zum Thema „Menschenrechte" und zum Folterverbot und dessen Begründung vorgenommen wird. Mit dieser Hausarbeit will ich eine Annäherung an das Thema erreichen. Ich bin davon überzeugt, dass mit dem nötigen Hintergrundwissen zur Wirkung von Folter und zum Folterverbot die Einzelfälle differenzierter betrachtet werden können.

Das Thema Ermittlungsfolter wird auch in Zukunft eine Rolle spielen - vor allem bei der Frage von Terrorismusbekämpfung und Anschlagsverhinderung. So bleibt es auch Aufgabe, die Menschenrechte und das Folterverbot anzumahnen und einzufordern. Gleichzeitig sollten nachfolgende Generationen durch Menschenrechtsbildung sensibilisiert werden. Verletzungen des Folterverbots und der Menschenrechte dürfen nicht annehmbar werden.

Ein letzter Aspekt bleibt hier noch zu erwähnen. Die Täter, seien es Terroristen, Entführer oder Mörder, verletzen die Würde, das Recht auf Leben und auf Selbstbestimmung und die körperliche und geistige Unversehrtheit ihrer Opfer. Viele ihrer Taten sind unbegreiflich und abscheulich. Trotzdem bleibt es die Aufgabe von Staaten, Behörden und Menschen, sich nicht auf dieselbe Stufe stellen zu lassen und die Menschenrechte für kurzfristige Hoffnung und vielleicht sogar Erfolge aufzugeben.

„Ich bitte sie, General. Wir haben Leute verloren. Aber das, das, das, das, das können sie doch nicht tun. Was ist, wenn die in Wahrheit gar nicht .. Was ist, wenn die in Wahrheit den Scheich gar nicht wollen? Haben sie daran schon gedacht? .. He? Was ist, wenn die uns im Grunde nur dazu bringen wollen, Kinder in ein Stadion einzupferchen, so wie wir es grade tun? Soldaten auf die Straße zu stellen und .. und die Bürger ihn über die Schulter sehen zu lassen. Scheißt auf das Gesetz und zerfleddert die Verfassung ein klein bisschen. Denn wenn wir diesen Mann foltern, General, wenn wir das tun, ist alles wofür wir mal bluten und kämpfen und sterben mussten zum Teufel. Und sie gewinnen. Sie haben schon gewonnen."

FBI-Agent Anthony Hubbard im Film Ausnahmezustand

6. Literaturverzeichnis

Amnesty International (Hrsg.): Bericht über die Folter. Frankfurt: 1975.

Aristoteles: Über den Himmel. In : Gohlke, Paul (Hrsg.): Aristoteles: Die Lehrschriften. Paderborn: Schöningh, 1958.

Bild.de (Hrsg.) (2011): Empörung über Gäfgen. [online] URL: http://www.bild.de/BILD/regional/frankfurt/aktuell/2011/03/19/gaefgens-forderung/bild-leser-reagieren-empoert.html [Stand: 19.03.2011]

Deutsches Institut für Menschenrechte (Hrsg.): Menschenrechtsbildung. [online] URL: http://www.institut-fuer-menschenrechte.de/de/menschenrechtsbildung.html [Stand: 9.03.2011]

Gärtner, Kolja (2011): Was ist das eigentlich für ein ekliger Mensch? [online] URL: http://www.bild.de/BILD/news/2011/03/18/gaefgen/10000-euro-vom-steuerzahler.html [Stand: 19.03.2011]

Graessner, Sepp & Wenk-Ansohn, Mechthild: Die Spuren von Folter: Eine Handreichung. Berlin: Gsz Moabit, 2000.

Hilgendorf, Eric: Folter im Rechtsstaat? In: JZ, 2004, S. 331-339.

Nuscheler, Franz & Klingbeil, Ruth: Bericht über die internationale Folterforschung: INEF-Report Nr. 1. Dusiburg: Institut für Entwicklung und Frieden, 1992. (online: http://inef.uni-due.de/cms/files/report01.pdf [Stand: 18.02.2011])

Marx, Reinhard: Folter: eine zulässige polizeiliche Präventionsmaßnahme? In: KritV, 2004, 1, S. 278-304.

Möhlenbeck, Michaela: Das absolute Folterverbot: Seine Grundlagen und die strafrechtlichen sowie strafprozessualen Folgen seiner Verletzung. Frankfurt am Main: Lang, 2008.

Müller-Neuhof, Jost (2003): „Folter in bestimmten Fällen erlaubt": Richterbund-Vorsitzender verteidigt Frankfurter Polizisten. [online] URL: http://www.tagesspiegel.de/weltspiegel/folter-in-bestimmten-faellen-erlaubt-richterbund-vorsitzender/391454.html [Stand: 26.02.2011]

Shane, Scott, Johnston, David & Risen, James (2007): Secret U.S. Endorsement of Severe Interrogations. [online] URL: http://www.nytimes.com/2007/10/04/washington/04interrogate.html?pagewanted=1&_r=3&hp [Stand: 21.02.2011]

Sofsky, Wolfgang: Traktat über die Gewalt. Frankfurt am Main: Büchergilde Gutenberg, 1996.

Spiegel Online (Hrsg.) (2003): Deutsche zeigen Verständnis für Folterpolizisten [online] URL: http://www.spiegel.de/politik/deutschland/0,1518,237826,00.html [Stand: 19.03.2011]

United Nations High Commissioner for Human Rights (Hrsg.): Convention against Torture and Other Cruel, Inhuman or Degrading Treatment or Punishment [online] URL: http://www2.ohchr.org/english/law/cat.htm [Stand: 02.03.2011]

United Nations High Commissioner for Human Rights (Hrsg.): International Covenant on Civil and Political Rights. [online] URL: http://www2.ohchr.org/english/law/ccpr.htm [Stand: 02.03.2011]

United Nations - Regional Information Centre for Western Europe (Hrsg.): Allgemeine Erklärung der Menschenrechte. [online] URL: http://www.unric.org/html/german/menschenrechte/UDHR_dt.pdf [Stand: 02.03.2011]

United Nations - Regional Information Centre for Western Europe (Hrsg.): Charta der Vereinten Nationen und Statut des Internationalen Gerichtshof. [online] URL: http://www.un.org/Depts/german/un_charta/charta.pdf [Stand: 02.03.2011]

Zwick, Edward / Obst, Lynda: Ausnahmezustand. [Film] USA: Bedford Falls Productions, 1998.